小猫丢了

〔英〕凯伦·华莱士 著
〔英〕杰克·哈兰 绘
〔北京顺义国际学校〕连孟萱 曾婧美 宗 楠 译

感谢北京京西学校GEOFFREY ANDREWS先生、王文静女士与北京顺义国际学校赵马冰如女士的策划组织，以及两校小学中文师生为这套书的出版所做的出色工作！

"我的小猫丢了。"花猫哭着说,"我该怎么办呀?"

"别担心，"侦探狗说，"我是侦探，我会帮你找到小猫的。"

侦探狗找遍了整个院子。他把头伸进养鸡房。

"走开!"母鸡狠狠地啄了一下侦探狗的鼻子,"小猫不在这里。"

可怜的狗!当个侦探真是不容易啊!

侦探狗好好儿想了想。它需要一点儿线索。

"你最后见到你的小猫是什么时候?"他问花猫。

"就在几分钟前。"花猫回答,"他们躺在拖拉机上的草垛上睡觉,所以我就去找吃的了。"

"可是等我回来的时候,拖拉机就不见了!"花猫哭着说。

奶牛从栏杆上伸过头来,说:"农夫把拖拉机开走了。"

"哦！糟了！"花猫哭得更厉害了，"我再也见不到我的小猫了！"

"别着急。"侦探狗说。他吸了吸鼻子,"只要有一点儿线索,我就能找到他们。"

侦探狗低下头,看着地上留下的轮胎印。

他在地上闻了闻。猫毛!

他沿着轮胎印追了过去。

小马正在草地上吃草。

"你有没有看见一辆拖拉机开过去?"侦探狗问。

小马点点头,朝左边望过去:"拖拉机朝那边开走了。"

兔子正在吃花。

"你有没有看见一辆拖拉机开过去?"侦探狗问。

"看见了。"兔子朝田野的方向吸了吸鼻子,"拖拉机朝那边开走了。"

狐狸懒洋洋地躺在草地上晒太阳。"你有没有看见几只小猫在一辆拖拉机上？"侦探狗问。

"怎么了？"狐狸笑着问，一副狡猾的样子。

"没什么。"侦探狗说,
"我自己可以找到他们。"

侦探狗沿着轮胎印追到一大片草地上,可是他只看到了几个大草垛。拖拉机已经开走了!

侦探狗失望地用爪子抱住头。

突然，侦探狗听见了一个微弱的声音——"喵！喵！"他竖起耳朵，沿着声音走过去。

是小猫！原来他们从草垛上掉下来了。

侦探狗把小猫带回了农场。花猫高兴极了。

"我们为侦探狗欢呼吧!"花猫叫道,"他是世界上最棒的侦探!"

START READING CHINESE is a series of highly enjoyable books for beginning learners of Chinese. It is adapted and translated from the English reader START READING. The translators are teachers and students from international schools, so the books have been carefully graded to match the Book Bands widely used in schools. This enables readers to choose books that match their own reading ability.

Look out for the Band colour on the book in our Start Reading Chinese logo.

《我爱读中文》是一套可读性极强的分级读物，非常适合中文初学者阅读。这套书是从英语读物 START READING 翻译改编而来，译者都是国际学校的老师和学生，他们知道同级读者的中文水平，所以，翻译时严格控制中文的难度，使之符合国际上广为采用的学校读物等级标准。这有助于读者根据自己的中文水平选择适合自己阅读的图书。

请注意《我爱读中文》标识上的等级色。